"Un gran libro de referencia al que a mí y a mi hijo nos gusta referirnos. Me aseguré de que la familia de mi sobrino autista tuviera una copia."
Yolanda Amaral Geral, madre de un niño con trastorno del espectro autista de alto funcionamiento (HFA)

"ME ENCANTÓ. Me encantó el concepto y cómo toma un enfoque pragmático.
Me encantó la simplicidad y el tono juguetón al dirigirme al niño. Realmente me gustó la estructura y el hecho de que el autor tiene problemas, respuestas y consejos para los cuidadores y los padres.
¡Siento que los autores ponen al niño en la posición de "hacedor", lo cual es muy estimulante! Reconociendo que tienen la capacidad de cambiar sus vidas para mejor y que no se trata solo de los adultos. ¡Creo que los niños se sentirán muy empoderados a medida que se los aborde directamente y se les enseñe a asumir la responsabilidad! ¡Los gráficos se ven muy divertidos!"
Maria Phytidou, Profesora de inglés y defensora del Autismo

"¡Doblemente aprobado! En general, un libro muy completo. Buen trabajo de los autores."
Nikolas Konstantinou, padre de un niño con Autismo

# COMPRENDIENDO MY AUDITISMO
## Ponte en mis Zapatos

Constantina Akrotiriadou, MBA Educación Especial
MBA Tecnologías de Aprendizaje & Comunicaciones
Y Mario Madureira, fundadora de Assistivemart

# Descargos de responsabilidad para este libro

Ninguna parte de este libro puede ser reproducida o transmitida de ninguna forma o por ningún medio, electrónico o mecánico, incluida la fotocopia, grabación o cualquier sistema de almacenamiento y recuperación de información, sin el permiso por escrito de los autores. La distribución, duplicación o revisión de este material y / o cualquier parte de este en cualquier forma está prohibida. Cualquier duplicación o copia se considerará una violación de los derechos de autor. Los infractores serán procesados por la ley. El usuario de esta información lo hace a su propia discreción y el usuario es totalmente responsable de las consecuencias de esta.

Todas estas estrategias son estudiadas y probadas por una cantidad de maestros y profesionales con necesidades especiales. Por supuesto, puede haber variaciones o diferentes estrategias de enseñanza que pueden funcionar para diferentes niños, ya que las posibilidades son infinitas y no pueden abordar todos los casos posibles. Además, estas son solo recomendaciones y deben llevarse a cabo bajo estricta supervisión y consulta de profesionales.

La información proporcionada en este libro es solo para fines informativos generales. Si bien tratamos de mantener la información actualizada y correcta, no hay representaciones o garantías, expresas o implícitas, sobre la integridad, precisión, confiabilidad, idoneidad o disponibilidad con respecto a la información, productos, servicios o gráficos relacionados contenido en este libro para cualquier propósito. Cualquier información contenida en este documento, no pretende ser una recomendación, solicitud o consejo para realizar ningún acto de ningún tipo. Cualquier declaración u opinión hecha puede ser personal de los autores. Las personas que utilicen este tipo de información actuarán bajo su propia responsabilidad y serán responsables de cualquier resultado.

Los autores han hecho todo lo posible para garantizar que la información de este libro sea correcta al momento de la publicación. En ninguna circunstancia los autores tendrán responsabilidad alguna ante ninguna persona o entidad por (a) cualquier pérdida o daño en su totalidad o en parte causado por, resultante o relacionado con el uso de información relacionada con este material o (b) cualquier comunicación directa, daños indirectos, especiales, consecuentes o incidentales de ningún tipo. Los autores no asumen y por la presente renuncian a cualquier responsabilidad ante cualquier parte por cualquier pérdida, daño o interrupción causada por errores u omisiones, ya sea que dichos errores u omisiones sean resultado de un accidente, negligencia o cualquier otra causa.

Un libro para niños autistas de 5 a 14 años para leer con adultos, que les permite tomar el control de los diversos aspectos de su vida. Este libro está escrito desde el punto de vista del niño e inmediatamente aborda los aspectos importantes del autismo y sirve para que los adultos se pongan en las "Botas del niño".

Una lectura divertida y ligera para los niños, ideal para promover la comunicación, la responsabilidad y, entre otras cosas, la propiedad de sus acciones. Otros temas principales que se tratan son los relacionados con la higiene, ir al baño, socializar, hiperactividad, arranques, organización y programación, hábitos alimenticios, trabajo escolar y descanso.

Empatizar   Dependencia   Logros   Conexión   Comunicación

Este libro contiene información destinada a ayudar a los lectores a ser consumidores mejor informados de la atención médica. Se presenta como un consejo general sobre el cuidado de la salud. Siempre consulte a un médico calificado para sus propias necesidades o las del niño.

# ESTE LIBRO PUEDE AYUDARME A:

1. VER QUIEN MÁS COMO YO HA TENIDO ÉXITO
2. CONOCER MIS SUPERPODERES
3. CUENTO A LOS ADULTOS CÓMO REALMENTE ME SIENTO
4. PREPARAR LA CAMA
5. APRENDER A TRATAR CON EL INODORO
6. ENTENDER LA IMPORTANCIA DE LA HIGIENE
7. ENTIENDER MIS OBSESIONES Y RITUALES
8. TRATAR CON LOS DESAFÍOS DE LA ESCUELA
9. HACER AMIGOS
10. COMIENZO A APRENDER ACTIVIDADES
11. ENTENDER LA HIPERACTIVIDAD Y TRATAR CON MIS REACCIONES
12. TENER MÁS TIEMPO PARA MÍ MISMO ORGANIZADO
13. ENTENDO QUÉ ES UN BUSCADOR SENSORIAL Y EVITADORES SENSORIALES
14. CONOZCO MIS HÁBITOS DE COMIDA
15. COMIENZO POR DISFRUTAR DEL TIEMPO DE LA TAREA
16. DESCANSO MÁS EN LA NOCHE

# ① Ver quién más como yo ha tenido éxito

Albert Einstein
Autista

Thomas Jefferson
Asperger's

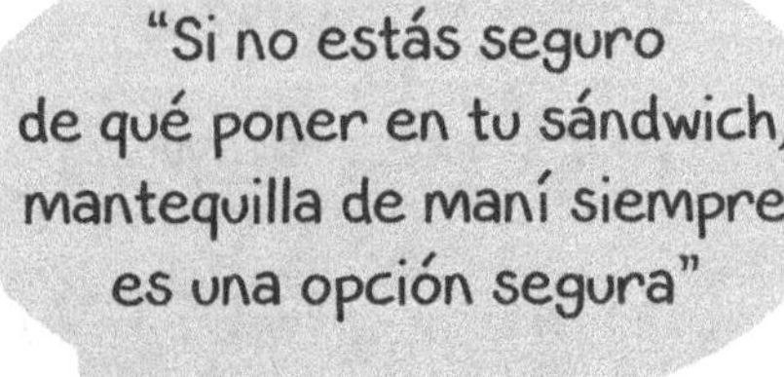

Yo
Autista

# ① Ver quién más como yo ha tenido éxito

Charles Darwin
Autista

Michelangelo Buonarroti
Asperger's

Wolfgang Amadeus Mozart
Asperger's

# Conoce mis superpoderes

"

Soy confiable, concienzudo, libre de prejuicios y no miento.

Es poco probable que sea un peleón.

Yo sigo adelante con mis tareas.

Yo acepto a los demás. Soy excelente para resolver problemas.

Puedo recordar información. No discrimino Yo no juzgo.

Tengo inteligencia por encima. Tengo alta integridad Me gusta pasar tiempo solo y presto atención a los detalles.

Tengo conocimientos avanzados sobre temas específicos.

Soy capaz de concentrarme y veo las cosas de manera diferente.

Soy excelente en matemáticas e ingeniería. Soy único.

Tengo todos estos poderes increíbles y, como todos los superhéroes, tengo algunos desafíos que superar. "

# ③ Decirles a los adultos cómo me siento realmente

1. Nadie explica de qué se trata ser dotado. Se mantiene en secreto.
2. Lo que hacemos en la escuela es demasiado fácil y aburrido.
3. Los padres, los maestros y los amigos esperan que sea perfecto y que dé lo mejor de mí todo el tiempo.
4. Los niños se burlan de mí por ser inteligente.
5. Los amigos que realmente me entienden son difíciles de encontrar.
6. Siento que soy diferente y deseo que la gente me acepte por lo que soy.
7. Me siento abrumado por la cantidad de cosas que puedo hacer en la vida.
8. Me preocupo mucho por los problemas mundiales y me siento incapaz de hacer algo al respecto.

# (4) Salir de la Cama

"Me cuesta levantarme a tiempo. A veces me siento un poco cansado y de mal humor durante el día. Me es difícil mantener la concentración. A veces tengo sueño, pero no puedo ir a la cama. A menudo por la noche me despierto."

# Prueba estos consejos

—Si aún no tienes una rutina, permítanos proponerle una. Eche un vistazo a la última sección de este capítulo "Diseñe su propio horario matutino divertido". Simplemente hace que sea más fácil pasar el día.

—Hacer una lista de tareas para el día ayuda en gran medida a reducir las sorpresas y la ansiedad.

—Tener todo listo desde la noche anterior es una gran idea. Si vas a la escuela a la mañana siguiente, empaque tu mochila y la preparas en la puerta. Cualquier cosa que necesites ponerte para el día puede prepararse para usar. ¿Se te ocurre algo más que necesite una preparación? Discuta y haga arreglos diarios con sus padres.

—Oye tu desayuno favorito te espera! Saber que hay algo extra agradable esperándote podría ayudarte a levantarte. Tal vez hay una actividad de final de día que no puede esperar para hacer.

—Como verás en el último capítulo, hay muchas cosas que puedes hacer para relajarse y estar preparado para una buena noche de descanso.

—No te olvides de decir, "Buenos días mamá y papá".

# Diseña tu propio horario matutino

1. Con el consentimiento de los adultos, haga recortes de revistas o copias impresas de lo siguiente: zapatillas, cepillos de dientes, una persona que se lava la cara, otra de una persona que se cepilla el cabello y otra de alguien que se viste.
2. Ahora péguelas en una página o coloque estas imágenes en una pizarra magnética en el orden en que iría por la mañana.
3. Decide con tus padres el horario para cada recorte.

# Trabaja en un plan de Premio

1. Junto con tus padres establece algunas metas, como terminar la tarea a tiempo o preparar la bolsa la noche anterior.
2. Prepare una tabla con los días de la semana y sus objetivos.

|  | Lunes | Martes | Miércoles | Jueves | Viernes |
|---|---|---|---|---|---|
| Ordena mi habitación |  |  |  |  |  |
| Pasear al perro |  |  |  |  |  |
| Preparar para lavandería |  |  |  |  |  |

Finalmente acuerde un plan de recompensa. Por ejemplo, si obtienes estrellas para cualquier gol, al final de la semana puedes pasar una hora extra afuera jugando.

 # Consejos para los Padres

Con el objetivo de que el niño/niña se levante y prepare su día, esto tomará un poco de planificación por parte de los padres. Aquí hay algunos consejos:

- Sea consistente con el momento en que el niño se despierta, esta consistencia en el tiempo ayudará a programar su reloj biológico.

–Media hora antes de despertar al niño, trata suavemente de captar uno de sus sentidos. Para algunos niños, puede ser simplemente dejar entrar más luz en la habitación o poner una banda sonora favorita que no sea discordante. Otros niños simplemente requieren un abrazo de buenos días y un saludo verbal amable. Esto tiende a establecer el tono de inicio correcto para el resto del día.

–La noche anterior, asegúrese de que el niño tenga sus cosas listas como su mochila escolar. Una lista de verificación visual de lo que se requiere para el día siguiente puede facilitar el proceso.

–Se debe mantener y seguir una rutina establecida de qué hacer cuando se está fuera de la cama, como cepillarse los dientes y lavarse la cara. Se puede crear un libro simple con recortes o imágenes dibujadas.

–Por supuesto, puede haber cambios en el horario de los días, así que asegúrese de compartir esto con anticipación con el niño y, si tiene un horario diario, márquelo para que todos lo vean y lo recuerden.

–Dales una meta o algo que esperar. Tal vez si salen a tiempo a cierta hora de la mañana, eso significa más tiempo en el parque por la tarde.

–Recuerde evitar las siestas durante el día o dormir demasiado los fines de semana si siente que esto está perturbando los patrones de sueño deseados que está buscando. En el último capítulo, ofrecemos algunos consejos que el niño puede seguir para relajarse antes de acostarse.

# 5 Tratar de usar al baño

"

A veces sufro de estreñimiento. Los adultos siempre me recuerdan cuándo usar el baño. Todavía puedo estar usando pañales. No estoy seguro de qué hacer cuando estoy sentado.

"

–Haz del baño una zona segura y cómoda para ti. Si te gusta cierto héroe cómico, por ejemplo, discute con los adultos para tener algunos cómics disponibles mientras estás allí o incluso un inodoro con temas de superhéroes.

– ¿Te sientes más cómodo de pie que sentado? Si es así, hable con la persona que lo cuida y discuta si hay algo que se pueda hacer.

– ¿Te molesta la textura de la superficie del inodoro? ¿Tal vez el papel higiénico no se siente bien? Puedes discutirlo con los adultos.

–Si tienes ganas de ir al baño, tus juguetes y amigos te esperarán. También puede pedirles que esperen diciendo: "Necesito usar el baño. ¿Puedes esperarme aquí, por favor?

–Si un adulto está haciendo todo por ti y deseas tener un poco más de control, solicita una mayor participación.

–Normalmente después de las comidas, es un buen momento para relajarse en el baño. Oye, tal vez puedas leer tu cómic favorito mientras estés allí.

– ¿Tu estómago se siente un poco incómodo, como si fuera el momento de empujar un poco pero no sabe lo que esto significa? Bueno, es simple, al poner la boca sobre el dorso de la mano y soplar, puede notar que se acumula un poco de presión en el área abdominal. ¡¡¡Bueno eso es todo!!! Lo tienes.

– ¿Te sientes cómodo usando el baño en casa, pero no en la escuela? Tal vez quieras compartir por qué esto es así con tus padres o maestros. ¿Quizás el color o la textura del asiento?

–Oye, ¿has intentado poner un espejo detrás de la puerta para que te mire mientras estás sentado? Puede ser una experiencia relajante. Pregúntales a tus padres y pruébalo.

# Consejos para los Padres

Los trastornos gastrointestinales (GI) tienen más probabilidades de ocurrir en niños que son más jóvenes, no verbales y / o tienen dificultades sociales significativas.

–Los problemas de aseo se resuelven mejor antes que después. Dejar que el niño use pañales en sus últimos años tiende a empeorar la situación y niega que el niño siga los pasos de aprender a lidiar con el uso del baño.

–Enfocarse en el tema y no en el niño. El niño no necesita que se lo recuerden constantemente.

–Con el tiempo un padre puede notar cuando el niño tiene una evacuación intestinal. Esto suele ocurrir después de las comidas, así que recuérdales solo una vez e incluso dales un incentivo como tener su libro de dibujos animados favorito esperándolos.

–Asegúrese de que, desde la perspectiva de la dieta, todos los pasos necesarios estén en su lugar, como introducir suficiente fibra en la dieta. Esto se puede encontrar en manzanas y peras con la cáscara. Pan integral y frijoles, arándanos y las fresas que tienen semillas son algunas opciones adicionales.

–El niño puede sentir la necesidad de hacer que el baño sea un área segura más cómoda sobre la que tenga control. Algunos niños autistas por este motivo no quieren compartir el baño con otros. Otros niños pueden sentirse más cómodos de pie. Vea si se pueden hacer arreglos especiales.

–Es común con los niños que tienen problemas sensoriales, que no les gusta la textura del inodoro o el papel. Hable con el niño para ver si es eso o tal vez alguna otra superficie texturizada que es un problema.

–Algunos niños se sienten más cómodos si hay un espejo frente a ellos mientras están sentados para que puedan ver su propio reflejo. Se ha demostrado que este pequeño cambio brinda a algunos niños una sensación de mayor comodidad y control.

–Si el niño está tomando algún medicamento, puede haber varios efectos secundarios. Hable con el pediatra del niño.

–Después de mostrarles inicialmente algunas veces qué hacer, animelo a hacerse cargo del proceso hasta que sea independientes. Deje que el niño tome posesión completa y tenga cuidado de no enseñar la impotencia aprendida donde se le quita todo el control al niño.

–Consulte con el pediatra si puede haber otros factores que contribuyan a cualquier trastorno gastrointestinal, incluidos problemas neurológicos o metabólicos, entre otros, y qué se puede hacer al respecto.

–Un niño puede estar bien para usar el baño en casa, pero en la escuela él o ella no lo reconocerá por lo que es y no lo usará, y todo esto puede deberse a alguna característica que asociaron con el baño en el hogar, su mente define qué es un baño. Por ejemplo, si el inodoro en casa tiene una tapa de superhéroe, entonces el que está en la escuela también debería tener una.

–Utilice un anillo de inserción de asiento de inodoro con asas para mayor estabilidad.

–Asegúrese de que haya un taburete para proporcionar una base estable de soporte.

–Para niños con dispositivos de asistencia, como una silla de ruedas, asegúrese de verificar si él o ella pueden pasar por la puerta y moverse en el baño.

–Para que los niños autistas no verbales fomenten la comunicación, podría ser una imagen a la que puedan señalar cuándo quieren ir, o tal vez sea una imagen del inodoro en su dispositivo de comunicación que él o ella pueda presionar. Se puede dar una recompensa por cada vez que se comuniquen con éxito, como [illegible] minutos adicionales en el iPad.

–Mantenerse en comunicación con la escuela para compartir inquietudes y logros.

–Para niños autistas no verbales con enfermedad por reflujo gastroesofágico (RDGE), pueden experimentar dolor de RDGE de formas poco comunes que les es difícil comunicarse. Un padre debe ser consciente de signos como posturas corporales inusuales o acciones extrañas como sacar la mandíbula o forzar el cuello, pérdida de apetito y dolor de garganta crónico, entre otros comportamientos inusuales.

–Consulte con un consejero dietético como un dietista o nutricionista y tenga a mano el historial de dieta de los últimos [illegible] días del niño y si hubo algún síntoma o comportamiento inusual como arrebatos de enojo o problemas para dormir.

–Ponga imágenes o instrucciones claras cerca del inodoro para recordarles lo que se espera. Podría ser que para el niño, desea enseñarle a ponerse de pie, así que haga un simple dibujo de dicha imagen o, si está enseñando a sentarse, se puede mostrar otra imagen.

–Enseñar toda la secuencia como cuándo ir, hasta finalmente lavarse las manos. No debería ser solo sentarse en el inodoro.

–Para los niños con problemas sensoriales pregúntese si el jabón tiene un aroma demasiado alto para ellos. Tal vez la temperatura del agua necesita ser ajustada o la iluminación es demasiado brillante en su habitación en comparación como solía ser.

# 6 Comprender la importancia de la higiene

No siempre me importa cómo me veo o mi apariencia . Parece que me olvido de lavarme los dientes. Me han dicho que paso demasiado tiempo en el baño. Mi madre siempre termina peinándome

# 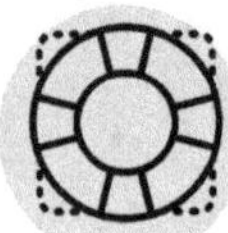 Prueba estos consejos

– ¿Alguna vez has tenido un viejo oso de peluche o un juguete que no importa cuánto te haya gustado, después de unos años de no lavarlo, comenzó a ponerse pegajoso, maloliente y ya no es tu juguete favorito? Lo mismo puede pasar con nosotros. Ahora imagine lo que nuestra familia y amigos pueden pensar. Necesitamos mantener nuestro cabello limpio y ordenado y nuestros cuerpos lavados.

–El resultado de no ser higiénico también puede debilitar nuestros cuerpos. Por lo tanto, si desea un buen funcionamiento y un cuerpo fuerte, intente no solo parecer limpio, sino también ser higiénico.

–Con la ayuda de tus padres, configura un diagrama de secuencia para ayudarte a recordar qué hacer y en qué orden. Puede ser una lista escrita o una tabla visual. –Hay una variedad de pastas de dientes con sabor. ¿Los has probado? ¿Qué tal los champús? Hay muchos aromas y colores diferentes.

–Cree un botiquín de higiene con tu mamá o papá. Puede ser un matraz muy bien decorado con diseños y todas las cosas que necesitará mientras esté en el baño. Oye, tal vez tu amigo esté interesado en ayudar.

–Si puedes, ten un temporizador que suene después de un tiempo acordado. Eso puede indicar que debes terminar con el baño.

# Haz tu propio horario de libros

Paso 1: Con tus padres, piensa en todas las tareas que necesitas para ir al baño. Si lo desea, puede hacer algunas ilustraciones básicas de cada una de estas tareas en una sola hoja de papel. Así que, por ejemplo, dibuja lavarte el cabello. También puedes hacer recortes de revistas.

Paso 2: Una vez hecho esto, pegue cada imagen en una página.

Paso 3: Ahora lamina la página.

Paso 4: Trabaje en el orden acordado con sus padres e intente completar todas las tareas.

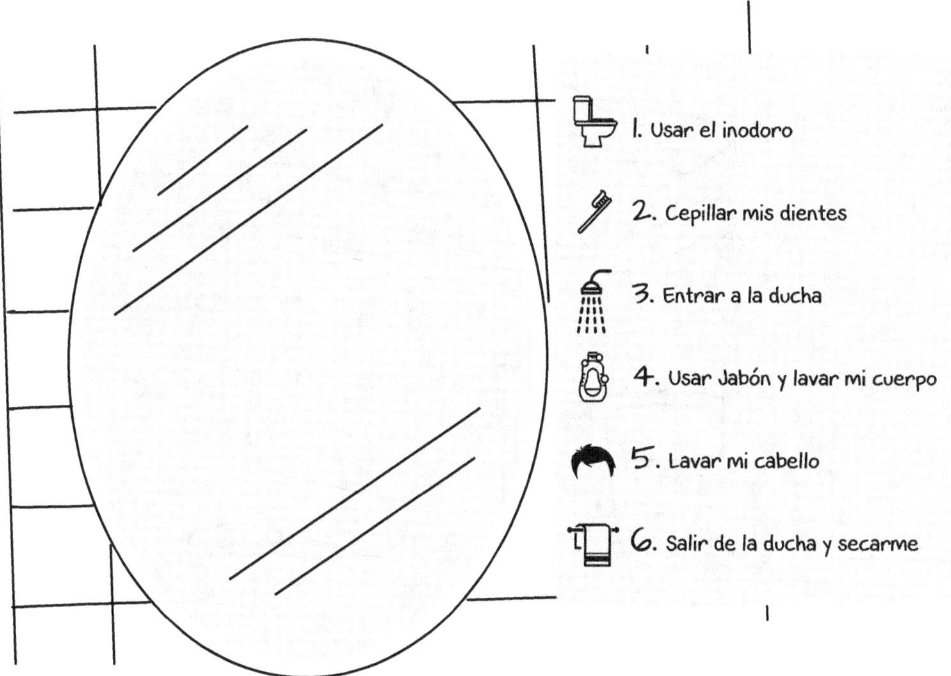

# Crea tu propio kit de higiene

–Cree un botiquín de higiene para la higiene bucal. Esto incluiría un cepillo de dientes, pasta dental, hilo dental y quizás enjuague bucal. Haga otro kit para la ducha, con su champú, esponja y jabón favoritos.

–Pregunta a tus padres si puedes comprar un contenedor agradable que puedas usar con tus personajes de cómic favoritos.

–Para mayor diversión, haga que sus padres o hermanos participen en la elección de los contenedores, bolsas o frascos. ¡Oye, tu amigo también puede ayudar!

# Consejos para Padres

—Si un niño no quiere lavarse, esto podría ser una aversión a los olores fuertes o a la sensación de agua o champú en su cuerpo. Para esto, prueba los champús inodoros y usa una esponja. También permitir que el niño pruebe algunos champús y jabones podría alentarlo a involucrarse más. Para una mayor comodidad, pruebe con toallitas humedecidas que pueden hacer que el cuidado de la piel sea más tolerable. Pruebe diferentes esponjas así como una esponja vegetal. Los problemas sensoriales requerirán trabajo de detective y algo de pensamiento innovador.

—Involucre al niño en la creación de un libro de cuentos de lo que uno hace en el baño. Puede ser, por ejemplo, una imagen del champú y otra de qué hacer con él. Consígalo laminado para que pueda usarse en la ducha. Las imágenes deben seguir los pasos típicos de aseo, puño, champú, enjuague, etc.

—Para controlar mejor el tiempo que el niño pasa en el baño, cree un CD de música con su música favorita y cronometrado de tal manera que al final de una canción, eso puede indicar que es hora de pasar al siguiente paso del libro de cuentos de baño laminado. Esto probablemente hará que la hora del baño sea más divertida y un proceso fácil para todos.

—Enseñe al niño que la higiene no es algo arbitrario. Normalmente es el caso de que el niño no es consciente de los demás o de su propio mal olor y cómo esto no es socialmente aceptable. Haga hincapié en cómo esto puede afectar sus amistades. Cuando les importa personalmente, tienden a preocuparse más por la higiene.

—Si su hijo tiene un terapeuta ocupacional que trabaje estrechamente con ellos y solicite su consejo sobre las actividades diarias en el baño. Cada niño autista es único y siempre se sugieren ideas únicas que pueden adoptarse, probarse y probablemente marcar la diferencia.

# ⑦ Entiendo mis ideas y rituales

" Me siento mejor si tengo una rutina establecida. Estoy menos ansioso cuando sé lo que sucederá después. Necesito tener el control de mi entorno. Me resulta difícil planificar y programar mi día "

# Prueba estos consejos

-Ayuda a tus padres a mantener una rutina. Intenta usar recordatorios como un despertador.

-Crea un horario diario. Puede ser un cronograma de listas, pero como puede necesitarlo todos los días, hágalo con dibujos o recortes de revistas que pueda plastificar y colocar con masilla adhesiva en una pizarra blanca y escriba al lado de cada una las horas acordadas. Póngalo en algún lugar que vea toda la familia y, si es necesario, se puede mezclar un poco para mostrar una reprogramación del día. ¿Puedes pensar para qué más puedes crear un horario? ¿Qué tal uno para cuando juega tu equipo favorito?

- ¿Te encanta hablar mucho sobre tu tema favorito? ¿Qué tal llenar un libro con imágenes al respecto?

- ¿Tienes algo de energía extra para usar? Intente involucrar a su cuerpo al salir a caminar o practicar su deporte favorito como el fútbol. -Para comportamientos repetitivos, intenta decidir junto con tus padres sobre la cantidad que puede hacerlo y establezca una meta para minimizar esto durante un período de tiempo. Escríbelo todo y ponlo en algún lugar visible.

- ¿Te sientes estresado o asustado? ¿Qué te parece tener contigo en todo momento algunas actividades relajantes como rompecabezas o libros para colorear? Pruebas relajantes pelotas o plastilina. También intente respirar profundamente, conténgalo durante 2 segundos y suéltelo. Entonces sonríe.

-A veces solo necesitas esperar. ¿Qué te parece tener una alarma de muñeca para ayudarte a recordar cuándo actuar?

-Si estás ansioso, habla con tus padres para tratar de identificar qué está causando esto. Si no hay nadie con quien hablar, retroceda, respire e intente reconocer algo familiar en su entorno. Por ejemplo, una camiseta o un juguete. Ahora mantenga la calma hasta que un adulto esté cerca para hablar.

-Si tienes dificultades para comunicarte, intenta llevar contigo algunas tarjetas de comunicación. Aquí hay algunos ejemplos que puede hacer en casa.

# Consejos para Padres

Las ideas y rutinas son más difíciles de perder a medida que el niño crece, así que intente intervenir temprano. Para los comportamientos repetitivos si decide trabajar junto con el niño en sus obsesiones y rutinas, los padres deben preguntar: ¿El comportamiento del niño está afectando su capacidad de aprender?

¿El comportamiento del niño está afectando negativamente su vida social?

¿El comportamiento del niño afecta la capacidad de la familia para realizar las actividades diarias?

¿El comportamiento del niño le causa daño a sí mismo o a otros?

¿Es sensorial? ¿O el niño se siente ansioso cuando se enfrenta a lo desconocido? Para problemas con necesidades sensoriales, proporcione actividades como:

–Alguien que balancee su cuerpo de un lado a otro, o podría usar un columpio.

–El chasquido de los dedos para la estimulación visual podría reemplazarse con un caleidoscopio.

–Si el niño insiste en ponerse cosas en la boca, reemplácelas con alternativas comestibles como nueces o frutas secas.

–Si no es un comportamiento dañino y desea disminuirlo, tal vez debata con el niño, limitando su comportamiento a una cierta cantidad de tiempo con recompensas por signos de mejora. Asegúrese de tener otra actividad de reemplazo en mente.

–Para que el niño haga una nueva tarea felizmente, introdúzcala en su rutina. Entonces, si desea que se cepillen los dientes, hágalo marcar en el cronograma, pero sin esperar que se actúe. Luego agregue un cepillo de dientes y péguelo en el lavabo del baño. Con el tiempo, presénteles la importancia de la higiene bucal. Si se ejecuta bien, el niño lo introducirá en su horario.

–Para abordar los aguijones, el ejercicio puede disminuir significativamente la frecuencia de los comportamientos negativos autoestimulantes.

–Los intereses altamente enfocados pueden ayudar a desarrollar el interés del niño, desarrollar su autoestima y apoyar la socialización.

–Para reducir la ansiedad, proporcione una forma estructurada y predecible de enfrentar mejor las incertidumbres diarias.

# ⑧ Hacer frente a los desafíos escolares

Puede que no sepa la diferencia entre ser intimidado y alguien ser amable conmigo. Necesito un día estructurado para estar más preparado para aprender. La letra ordenada es difícil para mí. Soy un aprendiz visual. Muéstrame y aprendo. Aprendo a leer un poco diferente. Me resulta difícil diferenciar entre consonantes duras y consonantes suaves como los sonidos duros 'C' de 'K' en las palabras 'clase, copa' en lugar de los sonidos 'C' suaves como 'S' como en las palabras ' celular, recibir '. Leo mucho mejor cuando hay letras de bajo contraste. Me encantaría poder expresarme por escrito. Normalmente no me gustan las luces fluorescents.

# Prueba estos consejos

—Habla a tus padres sobre tus interacciones con tus amigos de la escuela dentro y fuera de la escuela. Si te sientes mal por algo, recuerda que nunca estás solo y que hay adultos que pueden ayudarte.

—Si prefieres ver fotos que escuchar lo que se te está enseñando o leer y escribir que escuchar, entonces díselo a tus padres y maestros y ellos podrán ayudarte.

—Puedes obtener una copia del horario de la semana en la escuela y recrearlo tú mismo con todas las actividades adicionales que realizará durante y después de la escuela. "Cuanto más sé cómo va a pasar mi día, menos ansioso me siento y más preparado estoy para aprender".

—Trata de respetar el espacio de otras personas y no te acerques demasiado sin su consentimiento. Por supuesto, también puedes decir algo si alguien está demasiado cerca de usted y no te sientes cómodo.

—La escritura ordenada toma tiempo para desarrollarse. Así que ten paciencia.

1. Comience pellizcando y tirando, jugando con cordones y cuentas de seguridad.

2. Debido a que es posible que no sepa cuánta presión usar o la mejor manera de agarrar un lápiz, pregúntele a su maestro o padre sobre las empuñaduras con y sin peso. Pruebe algunos de los ejercicios al final de este capítulo.

3. Cuando creas que estás listo, prueba con otros bolígrafos y lápices y aplica diferentes presiones para obtener resultados diferentes.

# Comenzar a escribir

Antes de escribir sobre un tema, considera los temas. Una divertida ciencia ficción, una mini investigación con hechos y observaciones o tal vez simplemente un diario de pensamientos.

1. Piensa en tu mayor interés, ¿tienes uno? Si no, ¿qué tal un viaje en el tiempo intergaláctico o animales prehistóricos o mecánicas geniales como los robots?

2. Dibuje o escriba aproximadamente todas las características de su tema de interés. Por ejemplo, si se trata de robots, dibuja su cabeza, brazos, piernas y cuerpo. Pregúntese qué sería bueno para este robot. Tal vez volar o tener la increíble capacidad de viajar en el tiempo. Tenga en cuenta todo esto.

3. Viaja e investiga sobre robots. Hay muchas películas sobre este tema, pero ¿por qué no visitar algunos institutos de Tecnología e Inteligencia Artificial?

4. Pregúntese si este personaje existió, ¿sería bueno o malo? ¿Tendría amigos y cuál sería su objetivo en la vida?

5. Sigue preguntando y escribiendo las respuestas.

6. Obtenga comentarios de un adulto de confianza y desarrolle más sobre lo que ya tiene.

Recuerda simplemente escribir, no hay correcto o incorrecto cuando se trata de expresión, así que diviértase con él. Una pequeña nota es tratar de mantenerlo positivo, respetuoso con todos y algo que a otros les encantaría leer también.

# Consejos para Padres

Los niños en el espectro leen y aprenden de maneras diferentes y aquí hay algunas ideas
que pueden no aplicarse a todos pero que deben considerarse. Algunos niños:

1. Recuerde lo que ven en lugar de lo que oyen.

2. Prefiere leer y escribir en lugar de escuchar.

3. Tiene dificultades para recordar instrucciones verbales.

4. Necesita un objetivo y un plan de acción antes de comenzar un proyecto.

—Escribir puede ser una tarea frustrante para algunos niños, así que trabaje en su confianza
al permitirles adoptar el estilo que mejor se adapte a ellos para comenzar. Si prefieren la
cursiva y la escritura a mano en lugar de la impresión, permítales escribir de esa manera
inicialmente.

—Para una forma divertida de desarrollar movimientos motores finos y ejercitar las manos,
intenta hacer un poco de lucha con el pulgar.

—Para involucrar las habilidades motoras finas del niño, intente que use tijeras de seguridad y
recorte los personajes de una revista para un collage o tal vez haga sus propias pulseras
personalizadas con cordones.

—Fortalezca los músculos de las manos alentando al niño a moldear a sus personajes héroes
favoritos con material flexible como la arcilla.

—Algunos niños necesitan retroalimentación sensorial y estimulación para comprender mejor
cuánta presión usar al sostener un lápiz y saber cuál es la postura correcta de agarre. Para
esto, use agarres con y sin peso, ya que estos ayudan a guiar y estabilizar la mano.

—Mire diferentes cuadernos, lápices y agarres.

—Asegúrese de tener hojas de trabajo con las que el niño pueda trabajar regularmente para
desarrollar su memoria muscular.

—Dele al niño una ventaja con un símbolo para indicar dónde comenzar a escribir.

# ⑨ Hacer Amigos

"

A veces solo quiero quedarme en mi propio mundo y no comunicarme ni socializar.

No entiendo por qué te ríes o sonríes.

No entiendo sarcasmo ni bromas.

Sé lo que necesito decir, pero no sé cómo hacerlo.

No soy hostil, simplemente no tengo los mismos intereses.

Me gusta hacer y mantener amigos.

Quiero compartir y ayudar Sonríe primero para que yo pueda sonreír contigo. "

–Recuerda que para hacer amigos también necesitas escuchar. Detente, escucha y procesa lo que escuchas. Luego puede pedir o hacer su declaración en función de lo que dijeron.

–Comprender lo que significa sonreír, reír o qué es el sarcasmo y otras formas de hablar llevará un poco de tiempo, pero con un poco de práctica comenzará a comprender qué es una afirmación sarcástica o qué palabras y frases se usan de manera no literal sentido. Esto es lo que te ayuda a expresarte mejor. Oye, ¿qué tal si llevas un pequeño diario de expresiones divertidas? Mientras lo hace, intente probar algunos chistes.

–Está bien no querer socializar o comunicarse, pero a veces hay que hacer un esfuerzo extra para hacer amigos.

–Las vacaciones escolares son un buen momento para hacer amigos y divertirse, pero no sin sus desafíos de demasiado ruido, olores extraños, interacciones e interacciones sociales, es bueno que su maestro y sus padres sepan qué puede molestarlo para disfrutar mejor.

–Los amigos pueden enseñarte y hacerte reír. ¿Por qué no salir con un nuevo amigo y descubrir algunos beneficios más?

# Consejos para Padres

–Busque niños con ideas afines con los mismos intereses y organice una reunión de juegos con los padres del otro niño.

– Permítales compartir experiencias con otros niños. Si ambos se están riendo o participan en un juego, entonces es una experiencia compartida que probablemente ambos recordarán, disfrutarán y desarrollarán.

–Interésate en lo que hace tu hijo y sea auténtico al ponerse en su lugar. Probablemente te enseñarán algo nuevo.

–La interacción social es normalmente un desafío para la mayoría de los niños autistas para comprender. Este es un tema extenso en sí mismo, pero comience asegurándose de que se entiendan los conceptos básicos. Comience con saludos, qué podrían significar diferentes expresiones faciales y qué podrían implicar ciertas frases. Haga que el niño use algunos de estos cuando sea apropiado.

–De acuerdo con la edad del niño, preséntele ironía, metáforas y otras formas de hablar. Recopile algunas listas de sarcasmo, por ejemplo, y cada poco día haga que el niño encuentre la frase sarcástica de la semana. Asegúrate de agregar algunos chistes a la mezcla y de entender mejor hacer imágenes o representar el chiste. La práctica hace la perfección, así que haga que el niño los use.

–La expresión verbal debe ser alentada, pero no es para todos los niños y, por lo tanto, no debe ser forzada. Invoque al niño para que exprese sus sentimientos con las 5 Preguntas básicas (Qué, Quién, Por qué, Cuándo, Dónde). Esto se puede introducir suavemente al hacer actividades que disfrutan. "¿Por qué te gusta este juego?".

–Para los niños no comunicativos, aquí hay algunos consejos que se pueden usar, pero recuerde que cada niño es único y no todos los métodos funcionan con cada niño.

1) Algunos niños aprenden a través del juego y la interacción social, así que presente esto a menudo. Concéntrese en las actividades que le gustan al niño, especialmente con la interacción como cantar y recitar rimas infantiles.

2) Imitarse unos a otros. Si el niño sonríe o frunce el ceño, haga lo mismo. Si se ríe y corre un poco, haz lo mismo. Túrnense y haga que lo imiten. Esta es una excelente manera de ayudar a vocalizar y desarrollar la interacción.

Construir sobre su comunicación no verbal. Modele alguna expresión básica a través del contacto visual y los gestos. Comience con lo básico como asentir con un sí, no y encogerse de hombros si no está seguro o no se siente cómodo.

# El Juego de Compartir

Haz que un adulto dirija el juego y comparta juguetes, experiencias e incluso expresiones. Por ejemplo. "Paul, por solo 10 segundos, comparte una GRAN sonrisa con Josh". "Paul por 5 minutos comparte tus autos de juguete con Josh" "Paul, por 5 minutos comparte con Josh cómo estuvo tu día" "Paul, tómate tu tiempo y pregúntale a Josh cómo estuvo su día, qué hizo y cómo se siente ahora. Entonces escúchalo sin interrumpir".

Tenga en cuenta que está bien si no todos quieren jugar su juego. Da un paso atrás, respira y quizás les preguntes qué les gustaría.

# Expresiones faciales

Siéntese con un adulto y algunas revistas viejas y revíselas lentamente, primero descubre todas las caras felices y recórtalas. Ahora revisa la revista nuevamente, pero esta vez solo busca caras tristes y recorta estas también. Sigue haciendo esto, pero con otros sentimientos que se pueden expresar a través de la expresión de alguien. ¿Cómo crees que se ve una persona preocupada?

# Simón dice

Juega un juego en el que necesitas imitar ciertos sentimientos como la felicidad o la incertidumbre. Aquí hay algunos para comenzar:

Simon Dice,

"Estoy confundido"

Simon Dice,

"Tengo Sueño"

Simon Dice,

"Estoy Feliz"

–Dele tiempo al niño para pensar y hablar. Resista la necesidad de hablar en nombre del niño.

–Utilizar un lenguaje simple. Si el niño no es verbal, use frases de una palabra, "Atrapar", "Mirar". A medida que el niño progresa y usa palabras, comience a usar frases de 2 palabras, "Atrapa la pelota", "Mira allí".

–Las tecnologías de asistencia y los soportes visuales son solo eso. Solo apoyo y para el objetivo final de lograr que el niño mejore su comunicación.

–Haga que usen frases como "hola, soy ... / me gustaría jugar ... contigo ..."

–Prepárate a ti mismo y al niño. En el mundo real, hacer amigos no es tan sencillo. A esto se agrega que los niños pueden ser brutales con la forma en que reaccionan de forma exagerada y muestran desilusión. Además, no todos los padres permitirán que sus hijos jueguen con nadie y esto requerirá una atención cuidadosa en nombre de los padres del niño autista.

# (10) Comienzo a apreciar actividades

**Fortalece Los músculos**   **Fortalece los pulmones**   **Controla el Peso**   **Mejora la Función cerebral**

Puede que no lo parezca, pero me encanta hacer ejercicio. Puedo luchar un poco con movimientos finos como usar tijeras. No siempre puedo atrapar la pelota. A veces no me importa moverme ni hacer ningún ejercicio. Lo que a veces parece fácil para ti, no lo es para mí.

# Prueba estos consejos

–Obtenga un poco de cuerda gruesa junto con 2 personas y juega "Saltar la cuerda". ¿Cuántos puedes hacer sin tropezar?

–Si te gusta caminar, ¿por qué no les pides a tus padres que prueben diferentes caminos como caminar por tu vecindario o incluso por los terrenos de tu escuela? Es probable que sea una experiencia increíble.

–Si eres fanático del movimiento y la disciplina, puedes probar algunas artes marciales como el judo, el karate o el aikido, entre otros. Para actividades un poco más relacionadas con los sentidos, intente nadar o simplemente patear una pelota.

–Pídeles a tus padres algo de pasta seca de figuras de animales o cualquier cosa por la que pueda pasar una cuerda para crear un collar o brazalete genial. Intente con una cuerda gruesa al principio y tal vez algunas cuentas. ¿Crees que estás listo para usar piezas más pequeñas?

–Utilizando plastilina para intentar imitar a tu héroe de acción favorito. Antes de intentarlo, piense en todos los diferentes colores que se necesitarán para hacer su capa, botas y otros accesorios geniales. ¿Qué tal hacer que algunos villanos que tu nuevo héroe de acción pueda arrestar?

—Con el permiso de tus padres ponte tus zapatos para correr, dirígete al parque más cercano y luego ve a las diferentes actividades del patio de recreo. Oye, si hay niños de la misma edad que tú, ¿qué tal pedirles que se unan a ti para subir uno de los obstáculos o simplemente patear una pelota?

# Frankenstein loco

Siéntate con tus padres y toma algunas revistas viejas. Con una tijera de seguridad, corte algunos zapatos, una camisa, tal vez un sombrero o incluso algunas gafas de sol. Ahora pegue todo esto en un personaje que le interese y vea con qué personajes extraños termina.

# Evita la Serpiente

Obtenga una cuerda gruesa y colóquela en el piso con varias curvas como una serpiente. Ahora comienza en la cabeza de la serpiente y salta hacia la cola. Intenta no perder el equilibrio.

# Transportador de agua

Obtenga 2 tazones separados, uno con agua y el otro vacío. Ahora con una esponja, absorba el agua y muévala al recipiente vacío hasta que todo se haya transferido. Una vez hecho esto, intente vaciar el otro cubo. ¿Quieres probarlo con algunas burbujas de espuma en el agua?

# Hora del baño divertido 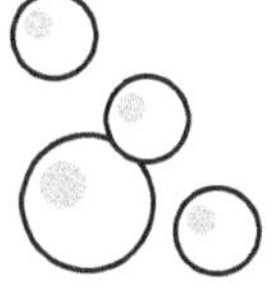

Pide a tus padres un poco de espuma para manualidades y corta algunas formas como una flor o un pez. Luego intente crear algunos murales de baño humedeciendo las piezas para que se peguen a la pared o al costado de la bañera.

# Consejos para Padres

El ejercicio es más importante de lo que algunos padres se dan cuenta. Los niños con autismo tienden a tener dificultades con las habilidades motoras (musculares), incluido el equilibrio y la coordinación. Investigue sobre terapia ocupacional y física en la escuela. Esto ayudará mucho con los movimientos motores. Recuerde que la mayoría de los niños autistas no son aprendices auditivos y son mejores cuando se les muestra. El movimiento debe mostrarse y sentirse muchas veces.

Ideas de control motor serio:
—Incremente la coordinación de brazos y piernas con actividades divertidas como tocar "Simon dice" o bailar con la música favorita del niño.
—Muestre cómo hacer saltos de rana y pídale al niño que imite. Puede haber más diversión si hay varios obstáculos pequeños para saltar.
—Patear una pelota es una actividad simple que, aunque es repetitiva, ayudará a mejorar la coordinación ojo-mano, el enfoque y la salud general de los músculos y las articulaciones.
—Tenga un plan B si el niño no puede realizar una determinada actividad física, por ejemplo, si no puede levantar pesas de 10 lbs, intente 5 o 7 lbs. El objetivo es que experimenten éxitos tempranos para construir su autoconfianza y disfrute para que sigan mejorando.
Ideas de control motor flexible:
—Usar pintura para los dedos puede desarrollar la coordinación mano-ojo y la destreza manual del niño. Todo lo que necesita es un trozo de papel grueso, algunas pinturas de dedos y algún lugar donde su hijo pueda ensuciarse.
—Otra actividad sencilla y económica que puede proporcionar horas de diversión son los juegos de cuerdas, como "Mecer el gato". Esta actividad ayuda a desarrollar la fuerza de los dedos y la coordinación mano-ojo.

# ⑪ Comprender la hiperactividad y lidiar con una crisis

No siempre puedo controlarme y, a veces, tengo alguna crisis.

A veces me siento incomprendido. Me cuesta concentrarme y

mantenerme enfocado. A veces lucho con la actividad no histeria

y en estos casos:

1. Parece que no puedo organizarme.

2. A veces mi papá me llama varias veces antes de darme

cuenta.

# Lidiar con una Crisis

Regular mis emociones pueden ser difíciles.
Pero siempre hay algo que se puedo hacer como este truco
calmante rápido de 6 pasos. ¡Se puede usar en
CUALQUIER LUGAR en CUALQUIER SITUACIÓN!

## I. DETENER Y CONTAR

A veces, cuando estoy a punto de
tener una crisis, descubro que si
simplemente detengo mis
pensamientos y me concentro en
contar hasta 5, me siento un mejor.

## 2. BREATH PROFUNDA

Dejo de hacer lo que sea que estoy
haciendo y respiro hondo. Luego lo dejo
salir lentamente. A veces funciona aún
mejor cuando lo hago dos veces

## 3. SENTARSE EN LAS MANOS

Inténtalo. ¿Se sientes bien verdad?
Solo la presión de mi peso sobre
mis manos es calmante. También
puedo colocar mis manos
profundamente en mis bolsillos

## 4. EMPUÑO Y APRIETO LAS MANOS Y LUEGO RELÁJARSE

Es justo después de relajar mis manos
que me doy cuenta de lo tenso que estaba
y por cada vez que las aprieto y relajo,
me siento menos tenso cada vez.

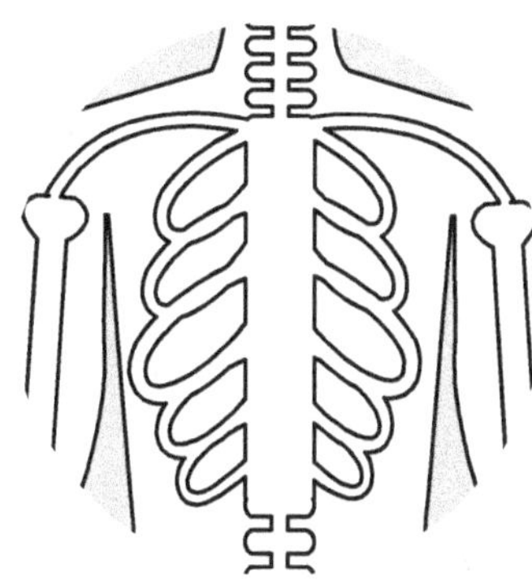

## 5. ESCANEO MI CUERPO

Desde la cabeza hasta los dedos de los pies,
hago una exploración especial del cuerpo
y si encuentro un músculo tenso, le pido que
se relaje, esto funciona para mí.

## 6. PIDO UN ABRAZO

Probablemente mi favorito.
Especialmente con alguien
a quien amo.

 Mi cuerpo me dice cuando estoy a punto de explotar

Con el tiempo puedo entender cuándo estoy a punto de enojarme, mi cara se tensará, mi mandíbula se apretará, mi estómago puede sentirse extraño, mi corazón latirá con fuerza, mi temperatura corporal subirá, temblaré e incluso sentiré mareado. Es hora de probar algunas técnicas relajantes.

–Los sentimientos, (buenos o malos), son como ayudantes tratando de decirte algo. A veces, si no puede tratar con ellos, pídale a un adulto que lo ayude a comprender mejor y a encontrar una solución juntos.

–Con un adulto haz un horario básico de limpieza. Puede ser, por ejemplo, todos los sábados por la mañana antes de la hora del almuerzo, poner todos los juguetes en la caja, los libros en los estantes y su ropa en la lavandería. Quién sabe, tal vez seas recompensado con un delicioso postre después del almuerzo. Pista pista padres.

# Consejos para Padres

## COMUNICACIÓN

Los niños deben sentirse respetados y escuchados. Haga una pausa en lo que sea que esté haciendo y enfrente completamente al niño para una conversación completa. El niño a tiempo copiará este comportamiento. Haga que el niño repita las instrucciones dadas.

## AYÚDELOS A TRATAR CON SUS SENTIMIENTOS

A los niños con hiperactividad les resulta difícil manejar la ira, la tristeza y la preocupación. Sin forzar, pregunte qué les preocupa.

## ESTABLECER UN ORDEN

Los niños hiperactivos tienden a tener problemas para comunicarse en entornos desordenados. Cuanto más estructurado esté su entorno, más probable será que la comunicación sea exitosa.

## ACTIVIDADES

Prepare una caja de actividades con todos sus intereses favoritos. Esto se puede usar cuando va a un restaurante o en algún lugar donde pueda aburrirse o estar ansioso.

## DEPORTES

La actividad física es esencial para un niño con autismo, por lo que prácticamente cualquier deporte, desde andar en bicicleta hasta nadar, será beneficioso para el niño. Aunque hay algunos deportes que son más efectivos que otros dependiendo del niño.

## DEPORTES, BAILE, ACTUACIÓN O CLASES DE MÚSICA

Son buenas salidas para las emociones y se pueden usar como medio de expresión con los beneficios adicionales de mejorar la memoria, la coordinación, la creatividad, la salud y la interacción social.

## ARTES Y ARTESANÍAS

Los proyectos de artes y oficios enseñan cómo convertir conceptos creativos en resultados tangibles.

## ELIGE TUS DESAFIOS

Decide qué problemas vale la pena luchar. Es más que hacer que el niño vea la razón. Habrá muchos desafíos que mantendrán ocupado al niño, así que concéntrese en los temas que son importantes y deje pasar los problemas menores.

## RECOMPÉNSALOS

Termina con una nota positiva recompensando los buenos modales, escuchando y siguiendo una rutina.

No hiperactividad

A pesar de que hay muchos casos de impulsividad y sobreactividad, también hay muchos casos en los que los mayores desafíos son la distracción, el soñar despierto y la falta de organización.
 No es tanto que él o ella no pueda prestar atención, sino que es muy difícil para él o ella hacerlo cuando no lo desea.
El niño necesita participar para estar completamente presente, así que trabaje con temas que le interesen.
 Si su interés son los trenes, puede usar los vagones del tren como conjuntos que representan números o hablar sobre cómo se quema el carbón para ayudar a poner el tren en locomoción. El tren también se puede retratar de una manera muy romántica para los diferentes sentimientos que surgen de los diferentes paisajes de los paisajes.
En la mayoría de los casos de niños no hiperactivos, son inteligentes y con gusto enfrentarán problemas desafiantes, es el encanto misterioso del desafío lo que los engancha y puede mantenerlos. Encuentre actividades apropiadas para su edad que sean interesantes y desafiantes.

# 12 Tener más tiempo para mí siendo organizado

"No es que esté ignorando las instrucciones, es que es realmente difícil para mí hacerlo. A veces no sé por dónde empezar o terminar. Me encantaría saber de antemano qué va a pasar."

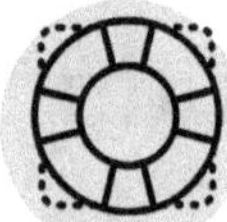

# Prueba estos consejos

–A veces es posible que no sepas por dónde comenzar a hacer una determinada tarea. ¿Qué tal tener diferentes cuadros o archivos de colores, donde el rojo es el "hacer", el azul puede ser las tareas con las que está "ocupado" y el verde es el "hecho"? –Trata de usar una lista escrita que taches cuando termines.

–Entonces, ¿qué sabes sobre yoga, gimnasia, karate o natación? Todo esto ayuda a desarrollar habilidades importantes como disciplina, estructura, previsión y planificación, así como a fortalecer su cuerpo y mejorar sus habilidades de concentración. Si alguno de estos te atrae, pregúntales a tus padres sobre ellos.

–"¡Oh, sigo perdiendo mis cosas!" Una buena idea es tener siempre un lugar establecido para sus juguetes, libros, tareas y otras cosas importantes. Considere también cuadros de tareas, sobres y archivos.

–Si no está seguro de cómo actuar según las instrucciones verbales en la escuela, solicite una lista escrita que puede tachar mientras se hacen.

–¿A veces te sientes frustrado porque no sabes lo que va a pasar hoy? Hora de organizarse. Hagamos nuestro propio calendario de fotos.

# Nuestro propio calendario de fotos

Creemos nuestro propio calendario. Hay varias formas, pero ¿qué tal si imprime un mes en una página A4, que se ajusta a toda la página? Asegúrese de que para cada día del mes haya suficiente espacio para escribir. Luego escriba las tareas de días en cada uno de los cuadrados. ¿Conoces el cumpleaños de alguien este mes? Incluso puede usar calcomanías geniales como estrellas o marcadores para esas citas súper importantes.

# Habitación ordenada significa madre feliz y más tiempo libre

Solo por estar ordenado, imagine la cantidad de tiempo que ahorra buscando sus cosas. Ok, aquí hay una tarea simple y divertida: Discuta primero con sus padres y obtenga 3 cajas de cartón. Cada uno debe ser lo suficientemente grande como para poner todos tus juguetes, libros y otros pedazos. Para una caja donde solo van los juguetes, ponga una etiqueta azul o incluso pinte azul con acuarelas. ¿Puedes pensar de qué colores deberían ser las otras cajas?

# Consejos para padres

—Mejorar la planificación motora del niño significa un niño más activo que escala y realiza otras actividades físicas. También hay otros beneficios, como mejores habilidades de planificación. Ha habido mucha evidencia que demuestra que, para los niños autistas, el yoga, la gimnasia, el karate, la natación y otras actividades que involucran el uso de los sentidos simultáneamente, ayudan a procesar mejor la información.

—Los soportes visuales con imágenes y calendarios pueden ayudar a transmitir lo que sucederá ese día. Un horario diario simple con imágenes secuenciadas de una ducha, ropa, cena y cama puede mostrar lo que sucede en la noche.

—Color de objetos de codificación o listas de tareas, puede ayudar a organizar mejor y una referencia rápida de lo que va a dónde y en qué secuencia. Por ejemplo, la bandeja roja puede significar "hacer" y la bandeja verde significa "listo". Esto traerá enfoque a las prioridades de la línea de tiempo.

—Las tarjetas de secuencia, temporizadores, relojes y recordatorios electrónicos pueden ayudar a algunos niños autistas a comprender el concepto de tiempo y secuencia. Con el ejemplo de mantener la habitación ordenada, ¿qué tal las tarjetas de secuencia que pueden ser visuales o escritas mostrando lo siguiente:

1. Primero recoja la ropa sucia y colóquela en la caja correspondiente.

2. Coloque todos los libros en una fila en las estanterías.

3. Ponga todos los autos en la caja del auto. —Mantenga el dormitorio y otros ambientes consistentemente ordenados para que él o ella sepa dónde encontrar cosas y sentirse más en control.

—Tener un calendario de pared donde el niño diariamente se mueva a la nueva fecha. Esto ayuda a comprender los conceptos de tiempo y planificación.

—Haga comentarios específicos, "Bien hecho, me gustó específicamente la forma en que ..."

# (13) Comprender qué es un buscador sensorial y un evitador

Puedo ser un buscador sensorial o un evitador. A veces los dos.
Es posible que desee MÁS y MÁS música, colores y sensaciones
más fuertes. Me siento exhausto al final del día. Oooops, lo siento,
no quise pisar tu pie y chocar contra ti.

# Prueba estos consejos

–Pide a tus padres que te mantengan informado sobre lo que vas a hacer. Si te invitan a una fiesta de cumpleaños, averigüe qué tipo de alimentos habrá, qué actividades habrá y quizás a qué hora o etapa deseas irte, para volver a casa.

–Si está a punto de hacer una excursión escolar, qué tal preguntarle al maestro si hay algún material de lectura sobre el lugar.

–Antes de salir a un evento, acuerde con sus padres o maestro un signo o contraseña secreta para cuando se canse o se sienta abrumado.

–También puedes sugerir organizar una fiesta tú mismo. Elija un tema como dinosaurios, superhéroes, granjas, Neverland, una fiesta de cocina, búsqueda del tesoro, etc. Investigue un poco sobre lo que puede necesitar y lo que puede ofrecer. ¡Que te diviertas!

–Puede parecer pereza o simplemente torpeza para los demás cuando se topa y tropieza con las personas cuando está en una habitación. Es probable que no sea intencional, por lo que, si lo hace muchas veces en un período corto, puede ser porque está cansado o abrumado. Trae esto a la atención de tus padres. Quizás otra habitación o ambiente sea mejor. También puede haber otra actividad que mejor se adapte a tu estado de ánimo.

 # Consejos para padres

 Puedo estar evitando la estimulación

-Deje que el niño sepa con anticipación qué esperar. También pueden leer sobre el evento al que van a asistir.

-Los visuales son una forma efectiva de informar y prepararse. Si va al zoológico, por ejemplo, déjelos ver un panfleto al respecto.

-Dependiendo del entorno y la situación, considere reducir la información sensorial mediante el uso de gafas de sol, tapones para los oídos o simplemente menos tiempo.

-Haga provisiones para que siempre haya alguien que se quede con el niño (ayudándolo con ansiedad / seguridad y alentándolo a unirse a las actividades).

-Para fiestas, intente reducir la cantidad de estímulo visual (globos de colores) o tener demasiado estímulo sonoro (música alta).

-A veces el apetito del niño disminuirá, así que haga arreglos para comer su comida favorita o cambie a un ambiente más tranquilo para alimentarlo.

-Tenga en cuenta las texturas como con la tela de la silla en la que se sientan y huele a comida en un restaurante.

 Puedo estar buscando estimulación

-El niño puede querer mucha estimulación como globos y música fuerte, pero en algunos casos en su estado sobre estimulado, puede chocar y golpear a las personas sin querer o puede comportarse de manera errática como saltar sobre globos. Garantizar la seguridad del niño y las personas que lo rodean. Es posible que no pueda detenerlo, pero intente controlar la situación, como proporcionar una alternativa, por ejemplo, una carrera de obstáculos o mucha presión con abrazos.

-Administrar la fatiga extrema del niño reduciendo el tiempo expuesto a demasiados estímulos y tener un área tranquila en mente para escapar.

-Cuidado con pegamentos, pinturas y otras toxinas que el niño quiera oler o lamer.

-Algunos niños solo necesitan salir y se les debe permitir una hora del día para hacerlo, pero luego deben volver a estar bajo control.

# ⑭ Conociendo mis hábitos alimenticios

Me gustan las comidas particulares. Necesito

acostumbrarme a nuevos alimentos. A veces

tiendo a comer en exceso.

# Prueba estos consejos

–Al igual que un avión, automóvil, moto o tren que necesita combustible para moverse, entonces, ¿necesitas combustible para mover tú cuerpo? Y al igual que un automóvil necesita ciertos combustibles, líquidos y otras cosas diferentes para funcionar, también necesita diferentes vitaminas, proteínas, minerales y carbohidratos que se encuentran en diferentes alimentos. Ahora, con tus padres, ¿puedes identificar qué grupos de alimentos tienen estos elementos? ¿Estás listo para probar algunos alimentos diferentes?

 –Para que un automóvil tome estos combustibles, el automóvil debe detenerse, en un lugar seguro y alejado de otros automóviles. Lo mismo va para ti y otros niños. Tal vez te guste comer en tu silla favorita o sentarte en completo silencio o usar un plato específico. Discuta con sus padres y maestros cuál es el lugar, el tiempo y el entorno ideales para sentarse y comer.

 – ¿Sabía que le toma un promedio de 7 minutos después de haber ingerido la comida para que su cerebro sepa que está lleno? Por eso es preferible comer despacio masticando la comida adecuadamente y disfrutándola. Tal vez una escala de hambre y saciedad puede ayudarlo a decidir cuánto más comer. Después de 20 minutos de comer, en una escala del 1 al 10, ¿cuánto hambre tienes? ¿Qué tal qué tan lleno estás?

# Ayuda a nuestro héroe a elegir los alimentos correctos

Para que John pueda descubrir cómo hacer un rompecabezas, jugar su juego de mesa favorito o correr realmente rápido, necesita tener todos los ingredientes necesarios. ¿Dónde crees que puede encontrar sus vitaminas, proteínas y minerales?

# Consejos para padres

–Los niños autistas tienen 5 veces más probabilidades de tener problemas alimenticios que otros niños, por lo que se necesita tiempo y paciencia para ayudar.

–Para un niño autista que presta atención a los detalles y tiene dificultades con el cambio, la forma en que se presenta o coloca la comida en el plato, o cómo se empaqueta la comida, puede importar si se come o no. También adjuntar una historia al respecto, lo hace más divertido y atractivo.

–Elimine los refrigerios y esto incluye leche y jugo entre comidas. El objetivo es entrenar las señales internas de hambre del niño a las horas de comida designadas.

–Con los niños que tienen deficiencia alimenticia, se pueden agregar problemas de alimentación. Los patólogos del habla pueden ayudar al niño a fortalecer los músculos utilizados para mover la lengua, los músculos de la mandíbula, los músculos utilizados para morder y masticar, tragar y otras funciones utilizadas para comer.

–Consulte con un terapeuta ocupacional que lo ayudará con la postura correcta para sentarse en la mesa y manejar sus utensilios para comer.

–La familia y los amigos a menudo querrán alimentar al niño. Una buena estrategia para evitar los dulces y otros indeseables es intentar compartir con ellos una lista de sustitutos saludables.

–Asegúrese de que el niño no se sienta singularizado debido a la comida que come suministrando discretamente sustitutos de comida.

–El niño necesita aprender a abogar por sí mismo, así que enséñeles sobre alergias alimentarias, sensibilidades alimentarias y la importancia de una buena dieta.

–Sea proactivo y ofrezca llevar alimentos que sean adecuados para todos, como el puré de papa sin leche para comidas grandes o pasteles sin gluten.

–Amplia la dieta del niño prestando atención a lo que le gusta, cómo come, cuándo y dónde come. Con esto en mente, incremente lentamente los cambios en la dieta introduciendo nuevos elementos.

–Haga que un hermano, amigo o usted mismo se siente al lado del niño y disfrute comiendo la misma comida. Este es un modelo positivo fuerte y la mayoría de los niños imitan lo que ven. Intentar engañar al niño para que comas vegetales ocultándolo en sus alimentos favoritos podría ser contraproducente y solo hacer que sospechen de todos los alimentos que le da.

–Tenga en cuenta la sobrecarga sensorial adicional en su entorno que puede distraer al niño de la tarea de disfrutar su comida.

–Paso a paso. No fuerces demasiado pronto. A veces un niño no puede soportar el olor o el sabor de una comida. Los ejercicios sensoriales como el olor de una botella primero y luego de un tiempo probar la comida tal vez sea un mejor enfoque.

–Anime al niño a sentarse y permanecer sentado a la mesa. Podría ser con el uso de un temporizador. Algunos niños comen rápidamente y luego se aburren para permanecer sentados, así que trate de involucrar al niño con un buen tema de conversación o incluso una actividad simple como completar un rompecabezas en la mesa.

 Comienza a disfrutar de la tarea

"

Necesito ayuda para administrar mi tiempo de tarea. A veces me siento abrumado con las tareas. Puedo ser mucho más rápido haciendo mi tarea en una computadora.

"

# Prueba estos consejos

–La tarea doméstica es una gran oportunidad para aprender sobre un mundo muy emocionante lleno de cosas geniales.

–Dónde está tu lugar favorito para sentarte a hacer tu tarea? ¿Qué bolígrafos, lápices y papel te gusta usar?

–Pedir ayuda. Puedes tener dificultades para organizar y rastrear las tareas y las fechas de vencimiento. Intente configurar con sus padres una lista de verificación diaria de las tareas que se realizarán en el orden en que deben realizarse. A medida que los complete, márquelos, o mejor aún, ponga una estrella al lado de la tarea completada. ¿Tienes problemas para escribir? Pruebe cuadernos con más espacio entre las líneas o pregunte dónde está el punto de partida. ¿Qué tal si conversas con tus padres si puedes usar un teclado para escribir?

–También es divertido tener algo que hacer después de completar la tarea. Organiza una actividad que disfrutes y que desees. Discute con tus padres. Tal vez un libro de calcomanías con fotos de un interés favorito o un paseo por el parque después de completar la tarea.

–¿Hay otras formas de hacer matemáticas que conoces? ¿Has probado sumas y restas con piezas de macarrones?

–¡Pretender! Imagina que eres un maestro y estás haciendo preguntas a los estudiantes. Si estás haciendo cálculos matemáticos, puede ser útil obtener una pizarra de borrado en seco y escribir los problemas allí. Esto hará que tu trabajo sea muy productivo, si eres un aprendiz visual / en color. Finge ser el maestro y que estás haciendo las preguntas. Escríbelos en algún lugar visible y resalta las partes importantes.

# Orgulloso y en exhibición

Use alambre y clips para colgar tus creaciones y tareas. Tal vez siga rotando sus 3 tareas principales cada semana.

# Centro de inteligencia

Ok, es hora de hacerlo más divertido monitoreando mejor tu tarea. Con tus padres puedes crear un muro o un tablero donde puedes publicar las tareas de la semana. Debajo de eso, asegúrese de que haya una sección donde se puedan escribir mensajes especiales de aliento. Junto a esto, en el lado izquierdo o derecho, escriba las tareas importantes de la semana. Puede numerarlos por prioridad. Por supuesto, esto solo será más genial si tu foto y tu nombre se escriben bien y en grande.

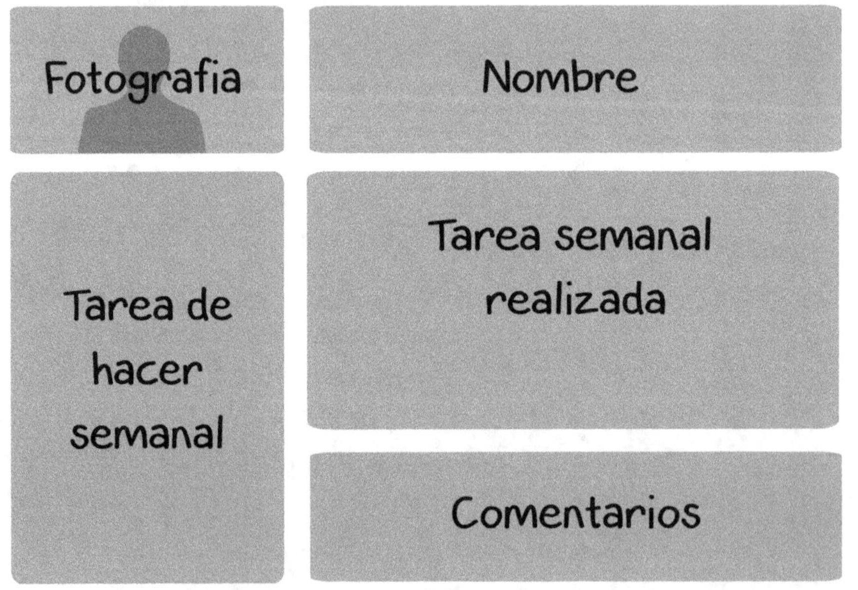

# Consejos para padres

–Un horario puede ser acordado y creado. Puede ocurrir cuando hay tiempo libre, cuando hay movimiento / actividades sensoriales, cuando es hora de comer, tiempo de trabajo a domicilio, tiempo de terapia y tiempo social. La cantidad de detalles variará dependiendo del niño. Trate de obtener la mayor cantidad de personas involucradas para que den su opinión. Los niños con autismo pueden tener dificultades para organizar y realizar un seguimiento de las tareas y las fechas de vencimiento.

–Mantener una carpeta de comunicación en la bolsa del niño que se puede utilizar para mantenerse al tanto de los horarios y las tareas esperadas.

–Apague todos los dispositivos y otras distracciones. Tenga en cuenta que hay algunos casos en los que el niño puede trabajar mejor con algo de música de fondo.

–Asigne un lugar de tarea dedicado que esté limpio y ordenado. Asegúrese de mantener la rutina y la consistencia.

–Ayude a crear tareas apropiadas individualmente manteniéndose en contacto con los maestros y aclarando el nivel y la cantidad que el niño puede hacer. La tarea a veces puede parecer abrumadora, así que divídala en secciones más pequeñas que se pueden hacer por etapas.

–Involucrar los sentidos visuales y táctiles del niño. Use macarrones para matemáticas o, si habla de gráficos o comparaciones de números, use objetos que pueda apilar uno encima del otro o tal vez espagueti para gráficos de líneas.

–Investigue con el maestro la cantidad de tiempo que el niño debe estar haciendo la tarea. Si hace la tarea durante muchas horas, entonces algo no está bien. Esto no es divertido para nadie y, con el tiempo, al niño no le gustará hacer la tarea.

–Para los niños con problemas de escritura, asegúrese de que dispositivos alternativos, como una computadora para matemáticas u otros materiales aumentativos, como diferentes tipos de papel y bolígrafos. ¡Trata de alabar el doble de lo que criticas! Elogie al niño por los pequeños esfuerzos, incluso si no todo es correcto, especialmente al principio. A medida que se realicen mejoras, otorgue recompensas como hacer cosas que padres e hijos pueden hacer juntos, por ejemplo, caminar al parque por un tiempo de calidad. Para obtener recompensas rápidas más intermedias, dele al niño estampillas de recompensa que después de una cierta cantidad obtendrán un premio divertido.

–Permitir cierto control al niño le da un sentido de propiedad y aumenta la motivación. Deje que él o ella decida dónde sentarse y qué materiales usar. Recuerde que los errores también son parte del aprendizaje.

 Descanso más por la noche

Puedo tener problemas para conciliar el sueño por
muchas razones. Me despierto a menudo durante
la noche, puedo tener sueño, pero no siento la
necesidad de ir a la cama.

# Prueba estos consejos

-Tiempo para relajarse. Pruebe algunas técnicas relajantes como leer, hacer un ejercicio suave como el yoga.

-Recuerde que, al igual que un automóvil que necesita un garaje para descansar y revitalizarse, también debe relajarse.

-Mantén un diario donde puedas anotar cómo te fue en el día.

-Prepara tu habitación. ¿Qué tal bajar la luz y cualquier estímulo innecesario como la música? Hay algunos casos en que la música suave que se reproduce a bajo volumen también puede ayudar.

-Si algo te molesta, un libro de preocupaciones es una excelente manera de guardar todas tus preocupaciones. Ahora duerme bien y todas sus notas estarán allí mañana.

 # Mi horario nocturno

| Primero debo de hacer | | Todo Hecho |
|---|---|---|
| | >> | Cenar |
| Tomar el baño | >> | |
| Ponerme La pijamas | >> | |
| Lavarme los dientes | >> | |
| Ir al Inodoro | >> | |

## Entonces puedo

Leer un libro   O  Irme a dormir 

Pg 63

# Consejos para padres

—Monitorice el sueño del niño y busque patrones de sueño disruptivos. Se pueden establecer incentivos para quedarse en la cama y tratar de dormir. Considere cambiar o minimizar las bebidas y los alimentos que podrían estar causando estreñimiento o malestar estomacal. Especialmente justo antes de acostarse.

—Apague todos los dispositivos una hora antes de acostarse. Esto incluye videojuegos, televisión y otras tecnologías estimulantes.

—Las técnicas de desenrollado o relajación pueden preparar al niño para la cama. Pruebe con un suave masaje del cuero cabelludo o de las manos. También la música instrumental tocada a bajo volumen puede ser efectiva.

—Ejercicios como yoga o estiramiento de espalda y piernas son excelentes para el alivio físico. Los juegos bruscos antes de acostarse pueden funcionar para algunos niños.

—Reduce cualquier estímulo extra innecesario. Para el sonido, reduzca el ruido apagando todos los electrodomésticos, usando alfombras gruesas o permita que el niño use tapones para los oídos o escuche música no discordante. Para los estímulos visuales, bloquee la luz con persianas opacas y también considere evitar cualquier imagen que distraiga o colores estimulantes en las paredes. Por sentido táctil, use otros tipos de materiales para ropa de dormir y ropa de cama. Para el olor, no a todos los niños, pero a algunos les gustaría probar diferentes aceites perfumados.

—Algunos niños no pueden dejar de pensar hasta que escriben sus pensamientos antes de dormir, así que aliéntelos a llevar un diario junto a la cama. También puede escribir lo que debe hacer para el día siguiente, aliviando cualquier ansiedad.

—Para evitar la agresión, la hiperactividad y un niño distraído, tenga en cuenta la cantidad necesaria de sueño. Para niños pequeños y preescolares: 11–13 horas, para niños en edad escolar: 10–11 horas y para adolescentes: 9¼ horas.

—Enseñe a su hijo a quedarse dormido solo con el tiempo reduciendo el tiempo que lo deja acostado. Es importante que su hijo aprenda la habilidad de quedarse dormido sin un padre presente.

—Un horario visual para la hora de acostarse puede tener recordatorios y establecer un patrón de sueño positivo. La consistencia es crítica para los niños con autismo.

Bien hecho tanto para mí
como para mis padres!

Buenas noches a todos!!!

# Bibliografía


Ambitious About Autism. (2015, June 26). Hygiene. Retrieved from https://www.ambitiousaboutautism.org.uk/understanding-autism/health/hygiene

Ament, K., Mejia, A., Buhlman, R., Erklin, S., Caffo, B., Mostofsky, S., & Wodka, E. (2014). Evidence for Specificity of Motor Impairments in Catching and Balance in Children with Autism. *J Autism Dev Disord. 2014 Sep 18.*

American Psychiatric Association. (2013). *Diagnostic and statistical manual of mental disorders* (5th ed.). Arlington, VA: American Psychiatric Publishing.

Anderson, C., Law, J.K., Daniels, A., Rice, C., Mandell, D.S., Hagopian, L., & Law, P.A. (2012). Occurrence and family impact of elopement in children with autism spectrum disorders. *Pediatrics, 130(5), 870-7. doi: 10.1542/peds.2012-0762.*

Aponte, C., & Mruzek, D. (2016, February 12). Seven toilet training tips that help nonverbal kids with autism. Retrieved from https://www.autismspeaks.org/blog/2016/02/12/seven-toilet-training-tips-help-nonverbal-kids-autism

Autism Research Institute (n.d.). Special diets. Retrieved from https://www.autism.com/treating_diets

Autism Speaks (n.d.). Autism and GI disorders. Retrieved from https://www.autismspeaks.org/what-autism/treatment/treatment-associated-medical-conditions/gi-disorders

Autism Speaks (2014). Autism and the classroom. In *The 100 day kit for school age children* (pp. 46-55). Retrieved from https://www.autismspeaks.org/sites/default/files/docs/school_classroom.pdf

Bandini, L.G., Andersen, S.E., Curtin, C., Cermak, S., Evans, E.W., Scampini, R., Maslin, M., & Must, A. (2010). Food selectivity in children with autism spectrum disorders and typically developing children. *The Journal of Pediatrics, 157(2), 259-264.*

Baranek, G. T. (2002). Efficacy of sensory and motor interventions for children with autism. *Journal of Autism and Developmental Disorders, 32(5), 397-422.*

Baranek, G.T., Parham, L.D., & Bodfish, J.W. (2005). Sensory and motor features in autism: Assessment and intervention. In F. Volkmar et al. (Eds.), *Handbook of Autism and Pervasive Developmental Disorders* (pp. 831-857). Hoboken, NJ: John Wiley & Sons.

Bhat A.N., Landa R.J., & Galloway J.C. (2011). Current perspectives on motor functioning in infants, children, and adults with autism spectrum disorders. *Physical Therapy*, 91(7), 1116-1129.

Bhatnagar, E.S. (2015, May 11). How to handle hyperactive kids: 7 calming games and activities. Retrieved from https://flintobox.com/blog/parenting/handle-hyperactive-kids

Biel, L. & Peske, N. (2009). *Raising a Sensory Smart Child.* New York, NY: Penguin.

Bissell, J., Fisher, J., Owens, C. & Polcyn, P. (1993). *Sensory Motor Handbook.* Torrance, CA: Sensory Integration International.

Buie, T., Fuchs III, G.J., Furuta, G.T., Kooros, K., Levy, J., Lewis, J.D., Wershil, B.K., & Winter, H. (2010). Recommendations for evaluation and treatment of common gastrointestinal problems in children with ASDs. *Pediatrics*, 125(1), 19-29.

Colihan, K. (2008). Autism in the classroom. Retrieved from http://www.webmd.com/brain/autism/features/autism-in-the-classroom#2

Croen, L.A., Zerbo, O., Qian, Y., & Massolo, M.L. (2014). Psychiatric and Medical Conditions Among Adults with ASD. Delivered at the International Meeting for Autism Research, May 15, 2014. Retrieved from https://imfar.confex.com/imfar/2014/webprogram/Paper17783.html

Curtin, C., Jojic, M., & Bandini, L.G. (2014). Obesity in Children with Autism Spectrum Disorder. *Harvard Review of Psychiatry*, 22(2), 93-103. doi: 10.1097/HRP.0000000000000031

Dawson, G., & Elder, L. (2013, March 19). Seven ways to help your nonverbal child speak. Retrieved from https://www.autismspeaks.org/blog/2013/03/19/seven-ways-help-your-nonverbal-child-speak

Dawson, G., & Rosanoff, M. (2009, February 19). Sports, exercise, and the benefits of physical activity for individuals with autism. Retrieved from https://www.autismspeaks.org/science/science-news/sports-exercise-and-benefits-physical-activity-individuals-autism

1 Carol et. al., 2005

2 Towbin, 2006

3 Reid et. al., 2003

4 Koegel et. al, 2001

5 Ozonoff et. al, 1994

6 Hughes et. al. 1994

7 O'Connor et. al., 2000

8 Pitetti, et. al., 2007

9 Yilmaz et. al., 2004

10 Rosenthal-Malek & Mitchell, 1997

11 Bass, 1995

12 Sugai & White, 1986

13 Kern et. al. 1982

14 Morressey, et. al. 1992

15 McGimsey & Favell, 1988

16 Yilmaz, et. al., 2004

17 Pan and Frey, 2006

18 Biddle et. al. 1998

19 Strauss et. al. 2001

20 Exkorn, 2005

21 Schultheis et. al. 2000

22 Todd & Reid, 2006

Dawson, P. (n.d.). ADHD: The non-hyperactive child. Retrieved from http://www.smartkidswithld.org/getting-help/adhd/adhd-non-hyperactive-child/

Dodge, N.N. & Wilson, G.A. (2001). Melatonin Reduces Sleep latency in children with developmental disabilities. *Journal of Child Neurology*, 16, 581-584.

Dorfman, K. (n.d.). The picky eater. Retrieved from https://www.autism.com/treating_picky (Reprinted from New Developments, 4(4), 1999)

Durand, V.M. (1998). *Sleep better! A guide to improving sleep for children with special needs.* Baltimore, MD: Paul H. Brookes Publishing.

Dziuk, M.A., Gidley Larson, J.C., Apostu, A., Mahone, E.M., Denckla, M.B., & Mostofsky, S.H. (2007) Dyspraxia in autism: association with motor, social, and communicative deficits. *Dev Med Child Neurol*, 49(10), 734-9.

Egan, A.M., Dreyer, M.L., Odar, C.C., Beckwith, M., & Garrison, C.B. (2013). Obesity in Young Children with Autism Spectrum Disorders: Prevalence and Associated Factors. Child Obes, 9(2), 125-31. doi: 10.1089/chi.2012.0028.

Eker, C. & Parham, D. (2010). *Sensory Processing Measure Preschool. Western Psychological Services.*

Friendship Circle of Michigan (2012, October 26). 5 ways to turn your child's hyperactivity into productivity. Retrieved from http://www.friendshipcircle.org/blog/2012/10/26/5-ways-to-turn-your-childs-hyperactivity-to-productivity/

Frith, U. (1989). Autism and "Theory of Mind". In C. Gillberg (Ed), *Diagnosis and Treatment of Autism* (pp. 33-52). New York: Plenum Press.

Fournier, K. A., Hass, C. J., Naik, S. K., Lodha, N., & Cauraugh, J.H. (2010). Motor coordination in autism spectrum disorders: asynthesis and meta-analysis. *Journal of Autism and Developmental Disorders*, 40(10), 1227-1240.

Forti, S., Valli, A., Perego, P., Nobile, M., Crippa, A., & Molteni, M. (2011). Motor planning and control in autism. A kinematic analysis of preschool children. Research in Autism Spectrum Disorders, 5(2), 834-842.

Furano et al and Parks, S. (2014). HELP Checklist 0-3 Birth to Three Years. VORT Corporation.

Gernsbacher, M. A., Sauer, E. A., Geye, H. M., Schweigert, E. K., & Hill

Goldsmith, H. (2008). Infant and toddler oral-and manual-motor skills predict later speech fluency in autism. *Journal of Child Psychology and Psychiatry*, 49(1), 43-50.

Giglio, K. (2016, January 21). Top ten bedtime strategies for your child with ASD. Retrieved from https://carolinacenterforaba.com/top-ten-bedtime-strategies-child-autism/

Grandin, T. (2002, December). Teaching tips for children and adults with autism. Retrieved from https://www.iidc.indiana.edu/pages/Teaching-Tips-for-Children-and-Adults-with-Autism

Griswold, A. (2016, September 22). Exercise gives children with autism jump on social skills. Retrieved from https://spectrumnews.org/news/exercise-gives-children-autism-jump-social-skills/

(B.W. Tan, J.A Pooley & C.P. Speelman, as cited in Griswold, 2016)

(E. Bremer. M. Crozier, & M. Lloyd, as cited in Griswold, 2016)

(S. M. Srinivasan, M. Kaur, I.K. Park, T. D. Gifford, K. L. Marsh & A.N. Bhat, as cited in Griswold, 2016)

(H. Stanish, C. Curtin, A. Must, S. Phillips, M. Maslin, & L. Bandini, as cited in Griswold, 2016)

(S.M. Srinivasan, L.S. Pescatello, & A.N. Bhat, as cited in Griswold, 2016)

(E. Bremer E. & M. Lloyd, as cited in Griswold, 2016)

Gottschall, E. (2002). *Breaking the vicious cycle (millennium edition)*. Ontario, Canada: Kirkton Press.

Gowen, E., & Hamilton, A. (2013). Motor Abilities in Autism: A Review Using a Computational Context. *Journal of Developmental Disorders, 43, 323-344.*

Gray, C. (2000). *The new social story book*. Arlington, TX: Future Horizons, Inc.

Gray, C. & White, A.L. (2003). *My social stories book*. Philadelphia, PA: Jessica Kingsley Publishers.

Green, D., Charman, T., Pickles, A., Chandler, S., Loucas, T., Simonoff, E., et al. (2009). Impairment in movement skills of children with autistic spectrum disorders. *Developmental Medicine and Child Neurology*, 51(4), 311–316.

Giglio, K. (2016, January 21). Top ten bedtime strategies for your child with ASD. Retrieved from https://carolinacenterforaba.com/top-ten-bed-time-strategies-child-autism/

Grandin, T. (2002, December). Teaching tips for children and adults with autism. Retrieved from https://www.iidc.indiana.edu/pages/Teaching-Tips-for-Children-and-Adults-with-Autism

Griswold, A. (2016, September 22). Exercise gives children with autism jump on social skills. Retrieved from https://spectrumnews.org/news/exercise-gives-children-autism-jump-social-skills/

(B.W. Tan, J.A Pooley & C.P. Speelman, as cited in Griswold, 2016)

(E. Bremer. M. Crozier, & M. Lloyd, as cited in Griswold, 2016)

(S. M. Srinivasan, M. Kaur, I.K. Park, T. D. Gifford, K. L. Marsh & A.N. Bhat, as cited in Griswold, 2016)

(H. Stanish, C. Curtin, A. Must, S. Phillips, M. Maslin, & L. Bandini, as cited in Griswold, 2016)

(S.M. Srinivasan, L.S. Pescatello, & A.N. Bhat, as cited in Griswold, 2016)

(E. Bremer E. & M. Lloyd, as cited in Griswold, 2016)

Gottschall, E. (2002). Breaking the vicious cycle (millennium edition). Ontario, Canada: Kirkton Press.

Gowen, E., & Hamilton, A. (2013). Motor Abilities in Autism: A Review Using a Computational Context. Journal of Developmental Disorders, 43, 323-344.

Gray, C. (2000). The new social story book. Arlington, TX: Future Horizons, Inc.

Gray, C. & White, A.L. (2003). My social stories book. Philadelphia, PA: Jessica Kingsley Publishers.

Green, D., Charman, T., Pickles, A., Chandler, S., Loucas, T., Simonoff, E., et al. (2009). Impairment in movement skills of children with autistic spectrum disorders. Developmental Medicine and Child Neurology, 51(4), 311–316.

Harris, G., Personal communication, November, 2012

Hayashi, E. (2000). Effect of melatonin on sleep-wake rhythm: The sleep diary of an autistic male. *Psychiatry and Clinical Neuroscience*, 54(3), 383-4.

Healthline Editorial Team. (2013, July 11). 10 tips to get your kids to sleep. Retrieved from http://www.healthline.com/health-slide-show/10-tips-get-your-kids-sleep#1

Hinklin-Lauderdale, J. (2014, September 5). Improving handwriting for children with autism. Retrieved from https://www.especial-needs.com/blog/improving-handwriting-in-children-with-autism/

Hirata, S., Okuzumi, H., Kitajima, Y., Hosobuschi, T., Nakai, A., & Kokubun, M. (2014). Relationship between motor skill and social impairment in children with autism spectrum disorders. *International Journal of Developmental Disabilities*, 60(4), 251-256.

Hogan, K. (n.d.). Nonverbal thinking, communication, imitation, and play skills with some things to remember. Retrieved from http://te-acch.com/communication-approaches-2/nonverbal-think-ing-communication-imitation-and-play-skills-with-some-things-to-remem ber

Infant and Toddler Curriculum. (1999). Eden Family of Services: Infant and Toddler. West Windsor, NJ: Eden Institute, Inc.

Jansiewicz, E.M., Goldberg, M.C., Newschaffer, C.J., Denckla, M.G., Landa, R., & Mostofsky, S.H. (2006). Motor signs distinguish children with high functioning autism and Asperger's syndrome from controls. Journal of Autism and Developmental Disorders, 36, 613-621.

Johnston, M. V., (2009). Plasticity in the Developing Brain: Implications for Rehabilitation. *Developmental Disabilities*, 15(2), 94-101.

Kedesdy, J.H. & Budd, K.S. (1998). *Childhood eating disorders: Biobehavioral assessment and intervention.* Baltimore, MD: Paul Brookes Publishing Company.

Kendall, C. (n.d.). Autism behavior solutions: 4 tips to solve hygiene issues. *Asperger's Syndrome Newsletter*, 100. Retrieved from http://www.asperg-erssociety.org/hygiene-and-autism-autism-behavior-solutions-100/

Kranowicz, C. & Newman, J. (2010) *Growing an In-Sync Child*. New York, NY: Perigree.

Kuzemchak, S. (2012). 8 facts about the 'Autism Diet'. Retrieved from http://www.parents.com/toddlers-preschoolers/health/autism/autism-diet/

Ledford, J.R., & Gast, D.L. (2006). Feeding problems in children with autism spectrum disorders: A review. *Focus on Autism and Other Developmental Disabilities*, 21(3), 153-166.

Lee D.F., Ryan S., Polgar J.M., et al. (2002). Consumer-based approaches used in the development of an adaptive toileting system for children with positioning problems. *Physical and Occupational Therapy in Pediatrics*, 22(1), 5-24.

Legge, B. (2002). *Can't eat, won't eat: Dietary difficulties and autistic spectrum disorders*. Philadelphia, PA: Jessica Kingsley Publishers.

Loop, E. (2007, September 7). 8 ways to make homework fun (seriously!). Retrieved from http://redtri.com/ways-to-make-homework-fun/

MacDonald, M., Lord, C., & Ulrich, D. (2013). The Relationship of Motor Skills and Social Communicative Skills in School-Aged Children with Autism Spectrum Disorder. *Applied Physical Activity Quarterly*, 30, 271-282.

Macht, J. (1990). Poor eaters: *Helping children who refuse to eat*. New York, NY: Plenum Press.

McCandless, J. (2002). *Children with* starving brains: A medical treatment guide for autism spectrum disorder. Paterson, NJ: Bramble Books.

McCandless, J. (2003). Children with starving brains: A medical treatment guide for autism spectrum disorder (2nd Edition). Paterson, NJ: Bramble Books.

Mindell, J.A. (1997). *Sleeping through the night: How infants, toddlers, and their parents can get a good night's sleep*. New York, NY: Harper Collins Publishers.

Morris, S.E. & Klein, M.D. (1987). *Pre-feeding skills: A comprehensive source for feeding development*. San Antonio, TX: Therapy Skill Builders.

Miller, L.J. (2006). *Sensational Kids: Hope and Help for Children with Sensory Processing Disorder (SPD)*. London, England: Penguin Books.

Must, A., Phillips, S.M., Curtin, C., Anderson, S.E., Maslin, M., Lividini, K., & Bandini, L.G. (2014). Comparison of sedentary behaviors between children with autism spectrum disorders and typically developing children. Autism, 18(4), 376-84. doi: 10.1177/1362361313479039.

Namanja, K. (2015, September 24). Tips for making homework easier. Retrieved from http://autismtherapies.com/blog/tag/autism-and-homework/

Nath, S. (2014, February 11). Feeding Problems in Children with Autism. Retrieved from https://iancommunity.org/ssc/feeding-problems-children-autism

National Autistic Society (2016a). Eating. Retrieved from http://www.autism.org.uk/about/health/eating.aspx

National Autistic Society (2016b). Obsessions, repetitive behaviour and routines. Retrieved from http://www.autism.org.uk/about/behaviour/obsessions-repetitive-routines.aspx

National Autistic Society (2016c). Toilet training. Retrieved from http://www.autism.org.uk/toilet-training

National Autistic Society (n.d.). Helping your child sleep. Retrieved from http://www.autism.org.uk/about/health/child-sleep.aspx

Newsom, C., White, S. P., & Taylor, C. (2013, August 9). Teen with autism needs help with hygiene & appropriate behavior. Retrieved from https://www.autismspeaks.org/blog/2013/08/09/teen-autism-needs-help-hygiene-appropriate-behavior

Noble, E. (2014). Achieving Optimal Toilet Positioning for People with Disabilities. Retrieved from http://www.rifton.com/adaptive-mobili-ty-blog/blog-posts/2014/february/optimal-toilet-positioning-special-nee ds

Party planning and sensory processing disorder (2014, May 21). Retrieved from http://thesensoryseeker.com/tag/avoider/

Patino, E. (n.d.). 8 fun ways to build fine motor skills. Retrieved from https://www.understood.org/en/learning-attention-is-sues/child-learning-disabilities/movement-coordination-issues/8-fun-way s-to-build-fine-motor-skills#slide-8

Pena, M. (2015, November 16). Autism and mealtime: A therapist's top ten tips for success. Retrieved from https://www.autism-speaks.org/blog/2015/10/16/autism-and-meal-time-therapist%E2%80%99s-top-ten-tips-success

Pennisi, P., Tonacci, A., Tartarisco, G., Billeci, L., Gangemi, S., & Pioggia, G. (2016). Autism and Social Robotics: A Systematic Review. Autism Research, 9, 165-183.

Personal hygiene and teenagers with autism spectrum disorder (2017, March 10). Retrieved from http://raisingchildren.net.au/articles/au-tism_spectrum_disorder_personal_hygiene_teenagers.html

Phillips, K.L., Schieve, L.A., Visser, S., Boulet, S., Sharma, A.J., Kogan, M.D., Boyle, C.A., & Yeargin-Allsopp, M. (2014). Prevalence and impact of unhealthy weight in a national sample of US adolescents with autism and other learning and behavioral disabilities. *Matern Child Health J*, 18(8), 1964-75. doi: 10.1007/s10995-014-1442-y.

Raising Children Network (2017). Obsessive behaviour, routines and rituals: autism spectrum disorder. Retrieved from http://raisingchil-dren.net.au/articles/autism_spectrum_disorder_obsessions_routines.html

Rastam, M. (2008). Eating disturbances in autism spectrum disorders with focus on adolescent and adult years. *Clinical Neuropsychiatry*, 5(1), 31-42

Rogers, S. J., Hepburn, S. L., Stackhouse, T., & Wehner, E. (2003). Imitation performance in toddlers with autism and those with other developmental disorders. *Journal of Child Psychology and Psychiatry,* 44(5), 763-781.

Sarris, M. (2014, November 17). The challenge of physical fitness for people with autism. Retrieved from https://iancommunity.org/ssc/autism-physical-fitness

Schreck, K.A., Williams, K., & Smith, A.F. (2004). A comparison of eating behaviors between children with and without autism. *Journal of Autism and Developmental Disorders*, 13(4), 433-438.

Seroussi, K. (2000). *Unraveling the mystery of autism and pervasive developmental disorder*: A mother's story of research and recovery. New York, NY: Simon and Schuster.

Shaw, W. (1998). *Biological treatments for autism and PDD*. Overland Park, KS: Great Plains Laboratory.

Shaw, W. (2002). *Biological treatments for autism* and PDD (revised). Lenexa, KS: Great Plains Laboratory.

Shea, E. (2015, February 3). Understanding and managing eating issues on the autism spectrum. Retrieved from http://network.autism.org.uk/knowledge/insight-opinion/understanding-and-managing-eating-issues-autism-spectrum

Simpson, M. (2009). The key to socialising with peers – the next step. Retrieved from http://www.connecttherapy.com/blog/therapy-strategies/socialising-with-peers-part2/

Soraya, L. (2014, March 9). Autism and exercise: The positive effects of exercise for autistic people. Retrieved from https://www.psychologytoday.com/blog/aspergers-diary/201403/autism-and-exercise

Stock Kranowicz, Cl. (1998). *The Out-of-Sync Child*. New York, NY: Skylight Press.

Stock Kranowicz, C. (2003). *The Out-of-Sync Child has Fun*. New York, NY: Perigree.

Stock Kranowicz, C. (2003). *The Out-of-Sync Child has Fun*. New York, NY: Perigree.

Teitelbaum, P., Teitelbaum, O., Nye, J., Fryman, J., & Maurer, R.G. (1998). Movement analysis in infancy may be useful for early diagnosis of autism. Proceedings of the National Academy of Sciences of the United States of America, 95, 13982-13987.

Todd, T. (2012). Teaching Motor Skills to Individuals with Autism Spectrum Disorders. *Journal of Physical Education, Recreation & Dance*, 83, 8.

Toilet training and gross motor skills (2016, February 21). Retrieved from https://www.yourtherapysource.com/blog1/2016/02/21/toilettrainingandgrossmotorskills/

Tyler, K., MacDonald, M., & Menear, K. (2014). Physical activity and physical fitness of school-aged children and youth with autism spectrum disorders. Autism Res Treat. 312163. doi: 10.1155/2014/312163.

Wheeler, M. (2004). Mealtime and children on the autism spectrum: Beyond picky, fussy, and fads. *The Reporter*, 9(2), 13-19.

Wheeler, M. (2004). Mealtime and children on the autism spectrum: Beyond picky, fussy, and fads. *The Reporter*, 9(2), 13-19. Retrieved from https://www.iidc.indiana.edu/pages/mealtime-and-children-on-the-autism-spectrum-beyond-picky-fussy-and-fads

Wheeler, M. (n.d.). Establishing positive sleep patterns for young children with autism spectrum disorder. Retrieved from http://www.autismsupportnetwork.com/news/establishing-positive-sleep-patterns-young-children-autism-spectrum-disorder-2271623

Williams, J. H.G. (2008). Self-Other Relations in Social Development and Autism: Multiple Roles for Mirror Neurons and Other Brain Bases. *Autism Research*, 1(2), 73-90.

Williams, M.S. and Shellenberger, S. (1996) How Does Your Engine Run? A Leader's Guide to the *Alert Program for Self-Regulation*. Albuquerque, NM: Therapy Works, Inc.

Williams, P. (2016, September 1). Homework strategies for kids with ADHD, autism. Retrieved from http://parentingadhdandautism.com/2016/09/01/homework-strategies-kids-adhd-autism/

Woolston, J.L. (1991). *Eating and growth disorders in infants and children.* Newbury Park, CA: Sage Publications.

Wright, P.W.D. & Wright, P.D. (date). Physical Education (PE) & Adapted Physical Education (APE). Retrieved from http://www.wrightslaw.com/info/pe.index.htm

# COMPRENDIENDO MY AUDITISMO
## Ponte en mis Zapatos

ISBN 978-9963-2430-7-5

## Libro de interés relacionado

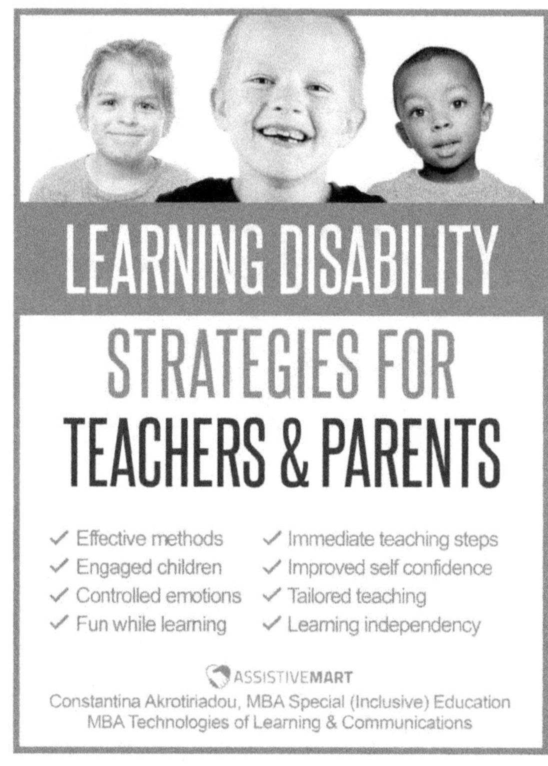


Amazon.com

ISBN-10: 9963243010

ISBN-13: 978-9963243013